PAUL SAUZET

DISCOURS

PRONONCÉ A LA

RENTRÉE SOLENNELLE DES CONFÉRENCES DES AVOCATS

LE 24 DÉCEMBRE 1876

PAR

Georges BUFFA

Avocat à la Cour d'appel de Toulouse.

TOULOUSE
IMPRIMERIE DE BAYLAC, BLANC & Cⁱᵉ
1, RUE DU MAY, 1

1877

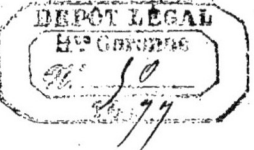

PAUL SAUZET

PAUL SAUZET

DISCOURS

PRONONCÉ A LA

RENTRÉE SOLENNELLE DES CONFÉRENCES DES AVOCATS

LE 24 DÉCEMBRE 1876

PAR

Georges BUFFA

Avocat à la Cour d'appel de Toulouse.

TOULOUSE
IMPRIMERIE DE BAYLAC, BL'ANC & C¹ᵉ
1, RUE DU MAY, 1

1877

PAUL SAUZET

> « Je dois parler, et j'écoute encore !... »
> (*Plaidoyer de M⁰ Crémieux. — Procès des ministres de Charles X.*)

Monsieur le Batonnier,
Messieurs,

L'éloquence est, avec la poésie, une des plus nobles occupations où puisse s'exercer l'intelligence humaine : chez l'orateur, comme chez le poète, le talent naturel et l'art, fruit du travail, se prêtent un mutuel appui, et se confondent dans un commun effort pour produire des œuvres immortelles. Héritiers directs de Rome et d'Athènes, nous avons conservé, dans toute sa force, ce goût de l'antiquité pour les luttes solennelles de la parole, et la faveur publique en France s'attache, avec une sorte de prédilection immédiate et fiévreuse, à ces privilégiés du génie qui remuent à leur gré les passions de leur auditoire, et savent tour à tour réveiller la conscience, émouvoir le cœur, forcer la conviction. Qu'un homme jusqu'alors inconnu et perdu dans la foule trouve, par une secrète connivence de la fortune, une cause où puissent se manifester son âme et son talent ; qu'il se révèle par un de ces coups d'éclat qui annoncent un maître, sa réputation est désormais assurée, et l'auréole de la renommée, si difficile à fixer dans d'autres carrières, resplendit autour de son front. Il n'a plus qu'à confirmer, par de nouveaux succès, les espérances qu'il a fait naître, et à se laisser emporter par sa glorieuse destinée : il est l'enfant gâté de tout un peuple.

Dans ce concert de louanges, au milieu des ovations enthousiastes qui lui font cortége, l'orateur est bien excusable de compter sur l'immortalité. Il oublie cependant que c'est surtout pour lui qu'est vraie l'inanité des gloires terrestres, et que l'ivresse de l'heure présente est le seul dédommagement de l'oubli presque complet qui l'attend après sa mort. Plus heureux que lui, l'écrivain et l'artiste ne sauraient périr tout entiers. Si leurs débuts ont été plus pénibles, leur passage demeure en revanche plus fortement tracé : les œuvres qu'ils ont marquées du sceau de leur personnalité et de leur génie n'ont pas été imaginées sous l'influence de telle ou telle circonstance déterminée, de telle ou telle nécessité du moment. Créées en vue de la postérité, empreintes de cette beauté qui demeure toujours identique à elle-même dans tous les temps et dans tous les pays, elles survivent à leurs auteurs et peuvent affronter le travail des siècles, sans rien perdre de leur fraîcheur primitive et de leur éternelle jeunesse.

Que reste-t-il, au contraire, des succès de tribune et de la gloire si bruyamment décernée à l'orateur de son vivant? Où retrouver la trace de ses élans passionnés et de ses improvisations ardentes ? —
« Les paroles, a dit un ancien, ressemblent à la
» frondaison des bois, aux feuilles passagères qui
» verdissent, gardent leur fraîcheur plus ou moins

». de temps, puis jaunissent et tombent » (1). Cette pensée mélancolique n'est malheureusement que trop exacte. Pour la plupart des orateurs, la mort est une nuit sans lendemain ; leurs discours détachés des circonstances où ils ont été prononcés, ne peuvent produire leur effet sur de froids lecteurs qui cherchent seulement un plaisir littéraire (2). — Il ne faut ni lire ni analyser les maîtres de la parole, il faut les entendre (3). Sans doute, la postérité peut garder leur nom, mais ce nom est la seule chose qui leur survive : après tout, il ne reste qu'un nom des créations de Phidias et d'Apelles, des soupirs de Sapho et des entretiens de Socrate !

Mais, Messieurs, cette destinée décourageante ne souffre-t-elle point d'exceptions? Ces harangues admirables qui ont si profondément remué nos assemblées délibérantes, ces plaidoyers merveilleux qui ont sauvé la vie et l'honneur de tant de malheureux, sont-ils condamnés à un oubli éternel, parce que les faits auxquels ils s'appliquaient tendent à s'effacer de notre mémoire? — Non, certes. Les mâles accents de Démosthènes essayant de sauver sa patrie et la liberté, la majestueuse éloquence de Cicéron dénonçant au Sénat romain les criminelles tentatives de Catilina, la sublime péroraison du discours de Mirabeau sur la banqueroute, la fière indignation de Berryer flétrissant le cynisme des apostasies, brave-

---

(1) Citation empruntée à l'Eloge de Du Gabé, par M. le conseiller Dubédat. — *Recueil de l'Académie de Législation*, 1875.

(2) Royer-Collard, orateur et politique, par M. de Barante. — *Revue des Deux-Mondes*, 1er octobre 1861.

(3) Cormenin. — *Livre des Orateurs*. — Portrait de Berryer.

ront le temps et ses outrages. Bien plus, parmi les monuments oratoires des divers peuples de l'Europe, ce sont les monuments de l'éloquence française qui s'imposeront le plus longtemps à l'admiration des générations à venir. C'est que nous sommes restés plus rapprochés de l'antiquité par notre amour pour les théories élevées, par notre penchant aux discussions solennelles, et notre habitude de tout ramener aux principes généraux (1). En littérature comme en politique, nous recherchons volontiers ce qui a un caractère bien marqué d'universalité, et ce besoin de vérités générales mène aisément à la grandeur. C'est une qualité qui se retrouve dans notre éloquence et lui donne, avec des accents plus élevés, une autorité qui survit aux événements; c'est ainsi que pourront longtemps encore être lues et méditées avec fruit, malgré la différence des époques et la distance des événements, les œuvres oratoires d'un homme qui, il y a quarante-six ans, s'imposait tout-à-coup à l'attention publique par le plus beau des plaidoyers, et qui, depuis, était devenu l'un des maîtres les plus remarquables de la tribune française. — J'ai nommé M. Paul Sauzet.

On oublie vite en France. Tant de soins nous occupent, nous nous passionnons tour à tour pour tant de choses, que c'est à peine si nous accordons l'aumône distraite d'un souvenir au grand homme enlevé aux bruits de la vie. Et quand cet homme, dont le nom était jadis sur toutes les bouches, meurt dans le sein de la retraite, après avoir dit adieu depuis longtemps aux luttes acharnées de la politique, l'indifférence

(1) H Reynald. — *Mirabeau et la Constituante* (Introduction).

s'accuse davantage, jusqu'à devenir presque complète. Tel a été, il faut en convenir, le sort de Sauzet. L'été dernier, les journaux de Lyon, sa ville natale, publiaient la nouvelle de sa mort et rendaient compte de ses magnifiques funérailles ; mais la généralité de la presse, de la presse Parisienne surtout, n'en parlait que du bout des lèvres, et semblait ne lui concéder qu'avec peine ce pieux souvenir que Cicéron appelle la seconde vie des morts (1). Et cependant l'homme qui venait de disparaître avait marqué glorieusement son passage. Avocat, il avait connu les ivresses du triomphe, comme aux plus beaux jours de l'agora et du forum ; orateur, il avait rempli la France de son nom ; garde-des-sceaux, il avait ajouté les suprêmes honneurs à l'éclat d'une incomparable carrière : c'était un de ces hommes enfin dont le ciel est avare, et qui font la gloire des professions qu'ils embrassent. — En ce jour où, par une tradition touchante et fière, vous rappelez, Messieurs, vos titres de noblesse, où vous confiez à l'un de vos jeunes confrères le soin d'ajouter une nouvelle page à votre livre d'or en évoquant un illustre ancêtre, il m'a semblé que je pouvais, sans crainte, arrêter votre attention sympathique sur la grande figure de Sauzet. Bien que mon inexpérience ne me permette pas d'accomplir, comme je le voudrais, le mandat dont m'a honoré la bienveillante confiance du Conseil de l'Ordre, une pensée m'encourage : on est sûr d'être écouté de vous, quand on vous parle des gloires du barreau ; et raconter la vie de Sauzet,

---

(1) « Vita etenim mortuorum in memoriâ vivorum est posita. » Cicéron, 9e Philippique, V.)

énumérer ses triomphes, lui payer mon modeste tribut d'admiration et de respect, c'est exalter encore cette noble profession, sur le seuil de laquelle nous nous sommes tous arrêtés en proie à cette hésitation craintive qui saisit le fidèle, lorsqu'il aborde, pour la première fois, les portiques d'un temple vénéré.

Né sous le ciel du Midi, dans ce pays des orateurs et des ministres, au commencement de notre siècle, Sauzet appartient à ce groupe extraordinaire d'intelligences exceptionnelles qui a traversé le siècle nouveau comme un legs de l'ancienne génération — dont M. de Rémusat était l'esprit léger, l'âme vagabonde, et dont M. Thiers reste la personnification la plus haute, — natures puissantes, aux ressorts multiples, prodigieusement organisées pour la lutte, mais natures entières, d'une seule pièce, se pliant mal aux exigences des petits rôles, aux mille souplesses des positions secondaires, dépaysées à mi-côte, ayant besoin, pour se déployer, du libre espace et de l'atmosphère large des hauts sommets. Retracer, après tant d'années, une semblable carrière, essayer de faire renaître devant vous cette éloquence communicative et pleine de charme, il y a là de quoi dépasser de bien autres forces que les miennes. Ma tâche eut été insurmontable, si le descendant du plus illustre client de Sauzet, je veux parler de M. de Chantelauze, n'eût fait éclater toute sa gratitude à l'égard du grand avocat, en publiant un éloge qui facilite singulièrement mon étude (1). Nul mieux que

---

(1). *M. Paul Sauzet,* ancien Président de la Chambre des Députés, par M. R. Chantelauze. — Paris ; Plon, 1876.

M. de Chantelauze ne pouvait parler de la vie intérieure, des qualités personnelles, des procédés de travail de l'éminent orateur. Il nous devait un livre sur l'homme dont il était l'ami, et dont il a recueilli les confidences et les pensées intimes. Ce livre, le voilà fait : jamais dette d'amitié et de reconnaissance envers une illustre mémoire n'aura été plus dignement acquittée !

Paul Sauzet appartenait à une de ces vieilles familles de bourgeoisie lyonnaise, types achevés de croyances, d'honneur, de traditions à la fois austères et libérales. — Son père, médecin distingué, salua avec enthousiasme l'aurore de la Révolution ; mais, révolté de ses excès, il ne tarda pas à manifester toute l'indignation qu'ils lui inspiraient, et eut l'insigne honneur d'encourir la disgrâce du trop célèbre Fouquier-Tinville. Plus heureux que tant d'autres, une année de prison fut la seule punition infligée à son *modérantisme ;* et, rentré à Lyon, il épousait, après le 9 thermidor, une femme des plus distinguées, sœur de MM. Baboin, banquiers de l'armée de Condé. — C'est dans le sein de cette famille, attachée sincèrement aux nouvelles idées, tout en conservant intactes les traditions religieuses du passé, que naquit Sauzet ; et il franchissait à peine les limites de l'enfance que déjà il faisait présager l'éclat de sa future destinée. On admirait déjà en lui ce magnifique organe musical qu'il tenait de son père, son élocution facile, son exubérance de langage toute méridionale, et, par dessus tout, une mémoire qui tenait du prodige. « A dix ans, dit » Cormenin, il récitait, sans en omettre un mot, » un chapitre de Télémaque qu'il n'avait lu qu'une

» seule fois » (1). Au sortir du Lycée de sa ville natale où, chaque année, les plus brillants succès avaient marqué son écrasante supériorité, Sauzet, reçu bachelier à quinze ans avec dispense d'âge, partit pour Paris et y suivit les cours de l'Ecole de Droit. Il existait alors, parmi les étudiants sérieux, une heureuse et salutaire coutume. Pour prévenir les inconvénients sans nombre que présentent les études solitaires, ils se réunissaient par petits groupes et mettaient en commun leurs travaux et leur science. Ces réunions intimes où la timidité naturelle des débuts est accueillie par un auditoire plus familier et rassurée par une amitié plus étroite, produisent les meilleurs résultats ; — et je suis assuré qu'en ce moment même votre pensée, mes jeunes confrères, se reporte vers cette société fraternelle, fondée dans notre ville au commencement de ce siècle, et aujourd'hui encore si florissante grâce au zèle et à l'ardeur d'un grand nombre d'entre vous (2). C'est que, pour se former à l'art si difficile de la parole, nos timides tentatives ont besoin de rencontrer une bienveillance sans bornes, et qu'à la faveur de ces associations studieuses, tout prend une forme plus riante, en même temps que l'émulation vient animer de son puissant aiguillon des efforts qui, sans elle, sont toujours tièdes et languissants.

La conférence à laquelle appartenait Sauzet ne tarda pas, grâce à sa présence, à s'élever au-dessus de toutes les autres. Déjà sous le jeune étudiant commençait à percer le grand orateur, si bien que ses

---

(1) Cormenin. — *Livre des Orateurs*. — Portrait de Sauzet.
(2) La Société de Jurisprudence, fondée à Toulouse en 1812.

camarades, éblouis par la vigueur de sa dialectique et la majesté de sa parole, lui avaient conféré parmi eux comme une royauté de talent, prédisant avec une conviction enthousiaste les triomphes de ce jeune homme qui devait, d'un seul bond, s'élancer des bancs du collége aux sommités du barreau. C'était en 1820. Ses études de droit terminées, et sur le point d'aborder résolûment sa carrière, Sauzet eut un instant d'hésitation. Devait-il marquer sa place parmi les membres de ce grand barreau de Paris dont il admirait déjà la langue forte et précise? Ses amis l'y exhortaient, proclamant que Paris était la seule scène qui convînt à un talent comme le sien. Il en décida autrement, persuadé, avec une modestie dont il ne s'est jamais départi, que son tempérament méridional n'était pas de nature à soutenir la lutte avec les grands avocats de la capitale. Il choisit le barreau de Lyon, il plaida, « et après sa première » cause, il avait atteint d'emblée, non pas au premier » rang, mais au-dessus de tous les rangs, à cette » place que quinze ans de succès inouïs allaient » rendre unique. Il était Sauzet, c'est-à-dire, l'élo- » quence même du barreau » (1).

Ce fut comme une révélation. Les journaux du temps enregistrèrent, avec un enthousiasme qui rencontrait encore bien des incrédules, ces débuts sans précédents; les plaideurs et les procès commencèrent à se presser en foule dans le cabinet du jeune avocat. Bientôt toute incrédulité, tout doute durent disparaître, pour faire place à un étonnement et à

---

(1) Discours prononcé par M⁰ Gayet sur la tombe de Sauzet *(Moniteur judiciaire* de Lyon, 15 juillet 1876*)*.

une admiration sans réserves. Procès politiques, causes criminelles, questions d'Etat les plus épineuses, problèmes d'administration et de procédure les plus compliqués, Sauzet plaidait tout, avec une science du droit, une clarté d'exposition et une faculté d'improvisation extraordinaires. Décidément, le dieu de l'éloquence l'avait choisi pour favori, et le barreau de Lyon, si fécond en orateurs diserts et passionnés, avait désormais un maître qu'il pouvait opposer aux plus solides et aux plus brillantes réputations de la capitale.

« On ne demande compte à l'écrivain que de sa » pensée, a dit un spirituel critique; on demande » compte à l'orateur de sa figure. » N'avons-nous pas tous remarqué, en effet, quels rapports intimes existent entre l'extérieur de l'orateur et son genre de talent? Il a presque toujours, si je puis m'exprimer ainsi, l'éloquence de sa physionomie. A ce corps ramassé, à ces lèvres épaisses, à ce front protubérant et large, à cette voix tonnante, à cette face de lion, je reconnais et je caractérise la fougueuse éloquence de Mirabeau; et quand, à côté de lui, je vois surgir une noble figure dont le regard fascine et séduit, un homme dont le geste est merveilleusement beau comme la parole, dont la tête rejetée en arrière respire une hautaine fierté, je m'incline avec respect en prononçant le nom de Berryer. — De même, on ne pouvait voir Sauzet, sans deviner ces magnifiques élans qui semblaient l'épanouissement naturel d'une sorte de floraison intérieure, ces accents émus et sympathiques qui allaient droit à l'âme des juges comme à l'âme des auditeurs, cette incroyable dextérité à se jouer, comme à plaisir, des questions

les plus délicates et les plus ardues. « Du moment
» qu'on l'écoute, on lui devient ami, » disait un
poète d'un autre poète : il suffisait de voir Sauzet
pour se sentir aussitôt rivé à lui par les liens d'une
mystérieuse attraction. Son front était majestueux et
large; ses yeux, d'un bleu velouté, respiraient la
douceur; l'ensemble de sa figure était plein de
finesse, de distinction, d'affabilité. Joignez à tous ces
dons la sonorité et la flexibilité de l'organe, l'ampleur
et la noblesse de la voix et du geste, la mobilité
expressive des traits, l'élévation de la taille, et vous
reverrez Sauzet, et vous vous ferez une idée du
charme invincible qui régnait autour de cette
parole insinuante qui persuadait avant qu'on eût le
temps de s'en défier. Platon considérait un beau
visage comme l'indice d'une belle âme ; il réclamait
la régularité des traits chez celui qui a pour mission
de haranguer toute réunion d'hommes : peut-être
eût-il contemplé dans Sauzet l'orateur tel qu'il l'avait
rêvé, car jamais on ne vit assemblage de plus brillantes qualités sous une enveloppe plus séduisante,
car à nul autre ne pourrait plus directement s'appliquer
ce vers de Virgile dans lequel l'antiquité perce tout
entière :

« Gratior et pulchro veniens in corpore virtus. »

A l'âge de vingt-deux ans, Sauzet se trouvait à la
tête du premier cabinet d'avocat de la seconde ville
de France, et la popularité de son talent grandissait
à chaque nouvelle plaidoirie. Où sont-elles passées
ces plaidoiries fines, mordantes et émues qui appelaient tour à tour le rire et les larmes, et faisaient
éclater les auditoires en tonnerres d'applaudissements?

— Hélas ! où sont passées les neiges d'antan ? — Il y a quarante ans que Sauzet plaidait pour la dernière fois, et il en est bien peu parmi nos anciens du barreau de Lyon, nous écrivait naguère le bâtonnier avec une exquise bienveillance (1), qui aient eu le suprême plaisir de l'entendre. Et cependant, tout vibrants de leurs admirations à quarante années de distance, ils nous ont rendu en traits si saisissants l'éloquence de Sauzet, que nous pouvons réveiller encore ces accents admirables, ou tout au moins nous en faire une image affaiblie.

Ornés avec goût et un soin tout spécial de la forme, ses plaidoyers avaient plusieurs caractères particuliers. D'abord, un tact inimitable ; puis une merveilleuse finesse d'idées et d'expressions ; et enfin une certaine force contenue, une puissance intérieure qu'il modérait, mais dont on sentait l'ardeur. Son éloquence, au rebours de celle du paysan du Danube, avait poussé aussi loin que possible l'art de tout dire à l'aide des allusions, des réticences et des demi-mots. Il laissait à d'autres esprits plus franchement virils ou plus mal avisés, la crudité du mot entier, donnant ainsi aux juges le plaisir de le découvrir à travers la gaze transparente de sa magique parole. Contemplez ce portrait de lui, si habilement dessiné par M⁹ Gayet qui, à ses funérailles, se fit l'éloquent interprète des regrets et de l'admiration de l'ordre tout entier. « Sauzet portait jusqu'à la perfection l'ensemble de ces qualités dont une seule

---

(1) Lettre adressée à l'auteur par M⁹ Octave Mathevon, bâtonnier de l'Ordre des avocats à la cour de Lyon, le 11 novembre 1876.

illustre un avocat. Pour redire ses dons multiples et ses cordes toujours frémissantes, on a nommé tous ses contemporains ; on a rappelé le plus beau don de chacun d'eux, l'éloquence de Berryer, la verve puissante et originale de Dupin, l'esprit d'Hennequin, la forte dialectique de Tripier, l'élévation de Marie. C'est qu'il les réunissait et les résumait tous ; c'est qu'il avait, à un degré incomparable, tout ce qui rend irrésistible à la barre : les hautes considérations philosophiques de l'interprétation de la loi, la logique et le nerf de la discussion, le charme du récit, le pathétique ou l'élan des grands mouvements oratoires, les saillies de l'esprit et le piquant de la plaisanterie, et jusqu'aux ressources subalternes, mais infinies, de l'homme rompu aux affaires, familier avec les plus ingrates aridités de la procédure. Et tout cela servi par deux dons de valeur inégale, mais sans prix aux ordres d'un talent pareil : une merveilleuse élocution, une mémoire qui tenait du prodige. La parole coulait de ses lèvres, pressée, limpide, brillante, imagée, avec une abondance et un tour cicéroniens. Le mot, le nom, le chiffre, une fois entendus ou entrevus, se gravaient dans son souvenir comme l'acier sur la pierre » (1).

Sauzet n'a jamais rien écrit ; il n'apportait à l'audience aucune note, confiant dans l'abondance de ses idées et son inépuisable mémoire. — Au client qui venait lui expliquer une affaire, il paraissait inattentif, préoccupé ; il répondait à peine à ses questions par des monosyllabes distraits, et celui-ci était tout étonné de l'entendre plus tard exposer sa

(1) Discours de Me Gayet, loc. cit.

cause avec une clarté, une précision, un luxe de détails, qui la lui apprenaient à lui-même (1). — Ses procédés de travail n'étaient pas moins extraordinaires : quelques heures de méditation qu'on aurait crue distraite, d'élaboration toute intime, puis jaillissait cette flamme divine au contact de laquelle tout venait prendre un nouvel aspect. — Il l'exprimait lui-même un jour à M. de Chantelauze, en langage familier et original : « La veille d'une » plaidoirie, d'un discours, j'avais pour habitude de » m'étendre sur mon canapé, de méditer mon sujet ; » peu à peu j'entrais en ébullition, je m'endormais » là-dessus, et le lendemain tout était filtré » (2). Sauzet se peint au vif dans cette conversation intime. Comme nous reconnaissons là le grand orateur au tempérament tout méridional, dont la spontanéité et l'apparence d'improvisation perpétuelle faisaient l'étonnement de ses auditeurs et le désespoir de ses rivaux ! Et ne croyez pas que ses plaidoyers perdissent en solidité ce qu'ils gagnaient en couleur : ce n'est pas de son éloquence qu'on peut dire qu'elle ressemble à ces antiques monuments de l'Egypte, dont l'apparence majestueuse frappe et arrête tout d'abord, mais au fond desquels on ne retrouve plus que quelques cendres dispersées. — Sauzet était un esprit trop élevé et trop puissant pour ne pas comprendre que l'harmonie et l'élégance ne sont que de fastueux et inutiles accessoires, s'ils ne font pas cortége à la rigueur de l'argumentation et du raisonnement. Aussi s'étudiait-il à parler cette langue

(1) M. d'Orgeval-Dubouchet. — *Union de l'Ouest* du 28 août 1876.
(2) R. Chantelauze. — *M. Paul Sauzet*, page 23. —

brève et précise qui convient aux affaires, et que le barreau de Paris a poussée jusqu'à la perfection. Après avoir admiré l'orateur plein de sentiment et de passion, l'auditoire assistait à une métamorphose inattendue ; il suivait avec étonnement les déductions fines et serrées d'un orateur d'affaires que la Chambre des Députés a applaudi si souvent, toujours maître de lui-même, net, clair, rapide, marchant droit au but sans se laisser distraire par les jeux brillants de son imagination.

Sa réputation grandissait de jour en jour. Appelé à se mesurer dans diverses circonstances, avec les plus grands avocats de la capitale, avec les Mérilhou, les Hennequin, les Dupin et les Paillet, il avait produit sur ses illustres adversaires une impression profonde, et son nom, répété avec éloges par ces bouches autorisées, était déjà connu à Paris. — » Sauzet est-il là ? » demandait Berryer, lorsqu'il venait plaider dans le Midi ; et l'un de ses plus grands plaisirs était de compter le jeune avocat au nombre de ses auditeurs. (1). C'est que Sauzet avait, avant tout, dans sa physionomie, ses sentiments et son langage, ce je ne sais quoi d'honnête et d'engageant qui force la sympathie et l'amitié. S'il recherchait la bienveillance des autres, il leur communiquait encore plus la sienne : aussi que d'ovations flatteuses n'a-t-il pas reçues ? Quand il plaidait dans une ville, l'élite de la population se pressait autour du tribunal pour entendre sa parole harmonieuse, ce qu'un avocat, son contemporain, appelait, « une musique d'audience. » On savait qu'il recherchait surtout l'émotion profonde.

(1). R. Chantelauze. — *M. Paul Sauzet,* page 13.

— 20 —

Il faisait pleurer, pas beaucoup, mais un peu. Il voulait la larme solitaire et comme anonyme qui glisse le long de la joue. Il craignait les pleurs qu'on est obligé d'essuyer, car alors les jurés se défient et sont honteux d'eux-mêmes. Telle de ses plaidoiries est restée comme une fête dans les souvenirs des villes qui l'acclamaient ; il n'est pas jusqu'à l'ironique Stendhal qui ne raconte en termes ravis ses émotions à Grenoble en écoutant Sauzet ! (1).

Le gouvernement de la Restauration devait chercher à attirer dans ses rangs une semblable recrue ; il tenta l'entreprise. Un ancien procureur général à Lyon, devenu garde-des-sceaux, voulut faire entrer Sauzet soit dans le parquet de la Cour royale de Paris, soit au Conseil d'Etat : les offres flatteuses de M. Courvoisier furent poliment déclinées par le jeune avocat que ne pouvaient tenter les faveurs d'un régime condamné par l'opinion, et qui, avec un fatal aveuglement, s'acheminait pas à pas vers une catastrophe inévitable. C'est qu'entre les intérêts renversés en 1789 et les intérêts créés par la Révolution, entre le vieux droit politique et social et le droit nouveau, entre la génération de l'ancien régime et les générations nouvelles, la lutte était devenue incessante, de toutes les heures (2). Pour battre en brèche le principe d'autorité, toutes les forces du parti libéral, jusqu'alors disséminées et impuissantes, avaient fini par se grouper. Sous la direction de

---

(1). Gayet, *loc. cit.* — Stendhal, *Mémoires d'un touriste*, tome II, page 158.

(2) Vaulabelle, *Histoire des Deux-Restaurations*, tome VIII, page 449. — Louis Blanc, *Histoire de Dix Ans*, tome 1er.

quelques hommes studieux et profonds, qui prenaient eux-mêmes le nom de *doctrinaires,* elles formaient un rempart redoutable qu'essayait vainement d'entamer une royauté aux abois. C'était une grande époque, Messieurs, et comme un vaste foyer de lumière dont les rayons arrivent encore jusqu'à nous. Au souvenir de ces temps que les révolutions, bien plus que le nombre des années, ont mis si loin de notre pensée, nous sentons tressaillir notre cœur ; à cinquante ans de distance, nos regards s'arrêtent émerveillés sur cette période militante et héroïque qui nous apparaît à travers un prisme si enchanteur ; et nous entourons de notre admiration respectueuse les derniers survivants de cette glorieuse lutte qui dominent encore notre époque de toute la hauteur d'un génie que les années n'ont pu affaiblir.

Depuis que l'Empire était tombé, et que la liberté avait remplacé la gloire, un pays nouveau s'était formé. La France s'éveillait à des accents inconnus ; l'éloquence de la tribune, depuis longtemps réduite au silence, recommençait à se faire entendre, et tous les intérêts, toutes les passions, toutes les espérances semblaient s'être donné rendez-vous autour d'elle, pour s'y disputer la possession du présent et la domination de l'avenir (1). Deux écoles opposées étaient en présence : l'une cherchant la perfection dans des voies nouvelles, et rêvant pour l'humanité de meilleures destinées ; — l'autre ne demandant ses inspirations qu'au passé, et prétendant ramener la France aux institutions du

---

(1) Gustave de Beaumont, *Œuvres et correspondance inédites d'Alexis de Tocqueville,* tome 1ᵉʳ, introduction.

Moyen-Age. La vieille royauté ne relevant, suivant le vœu de Joseph de Maistre, que d'elle-même et de Dieu, la suprématie de l'Eglise étendant sur tous les trônes sa protection et son autorité, tel est l'idéal de cette école toute-puissante en 1814, et qui, en 1830, privée de la plupart de ses chefs, abandonnée par quelques-uns de ses plus fidèles champions, ne compte plus que quelques soldats isolés et découragés (1). En face d'elle se dressait une France sincèrement libérale, passionnée pour les institutions nouvelles, jalouse de les soutenir, prompte à s'alarmer de leurs périls, et à voir dans leur chute ou dans leur maintien, le succès ou l'échec de sa propre fortune. C'était la première fois que se posait sérieusement en France le problème de la liberté constitutionnelle : il semblait que le pays eût le sentiment de tout ce que contenait de périlleux cette première épreuve. Aussi avec quelle anxiété le peuple assistait aux débats de cette grande cause ! Avec quelle émotion il voyait paraître le moindre symptôme d'orage, de quelque côté qu'il vînt, du peuple ou du prince ! Quel intérêt excitaient alors les moindres incidents de la vie publique, l'acte arbitraire d'un agent, un procès de presse, un verdict du jury, l'apparition d'un livre, un mot tombé de la tribune, quelquefois un article de journal !

Sauzet s'était, depuis sa première jeunesse, résolûment rangé parmi les plus fidèles défenseurs des idées nouvelles ; mais il en repoussait l'exagération, estimant qu'on devait avant tout s'efforcer de concilier les sentiments religieux et monarchiques avec le

(1) Léon Verdier, *Histoire politique et littéraire de la Restauration.*

culte des grands souvenirs de l'Empire et les tendances libérales du temps. La politique du ministère du 8 août achève de le détacher d'un régime qui semble mettre de l'affectation à braver l'impopularité. Aussi persiste-t-il à repousser les propositions avantageuses qui lui viennent de tous côtés; il sent qu'à cette heure suprême et décisive, le barreau doit demeurer à son poste de combat. La politique est partout, dans la religion comme dans la philosophie et l'histoire, dans la chanson comme dans la tragédie. Chaque écrivain appartient à un parti pour lequel il combat, et qui l'associe à sa victoire; chaque camp a son esthétique et ses sujets d'inspiration, les uns restant fidèles aux vieilles traditions littéraires, les autres réclamant à grands fracas l'introduction du libéralisme dans les œuvres de la pensée (1). Mais si partout éclate la division profonde qui sépare la France en deux nations, on peut affirmer qu'au Palais de Justice est le véritable champ de bataille. La main de fer de l'Empire avait imposé aux avocats une grande réserve; sous la Restauration, leur langue se délie complètement. « Tout s'agitait et se » dénouait au Palais, les questions politiques et » religieuses, la liberté de la presse et de la pensée, » l'art et l'industrie » (2). Pour une simple allusion, pour un mot, il n'était pas rare de voir deux avocats abandonner totalement la cause qu'il s'agissait de plaider, pour se lancer dans une ardente controverse politique où l'autorité royale n'était pas toujours respectée, et le ministère public lui-même n'inter-

(1) Victor Hugo, Préface de *Cromwell*.
(2) M. le conseiller Dubédat, *loc. cit.*

venait souvent dans le débat que pour le passionner davantage. Chaque jour le pouvoir et les partis en venaient aux prises. Depuis, une réaction s'est opérée contre ces écarts qui paraissaient alors si naturels; on s'est beaucoup moqué de ces jeunes avocats auxquels tout était prétexte pour arborer leur foi politique, qui en faisaient bruyamment parade, étalant leur libéralisme, comme Gautier son gilet rouge à la première d'*Hernani*. Quoi qu'il en soit, certaines de ces luttes ne manquaient pas de grandeur, et il est à craindre que le barreau français ne puisse jamais revoir une aussi brillante période. C'est qu'il comptait alors dans ses rangs une pléïade illustre, Berryer, Dupin, Odilon Barrot, Barthe, Berville, dont les grandes paroles enflammaient une jeunesse frémissante qui s'entassait dans le prétoire pour recevoir son baptême politique de ces plaidoiries ardentes où paraissait respirer l'amour de la Patrie et de la Liberté.

Partageant les mêmes idées, dominé par les mêmes principes, Sauzet ne pouvait se tenir à l'écart de cette lutte journalière : aussi était-il l'un des plus intrépides et des plus adroits tirailleurs de cette grande armée libérale au sein de laquelle se pressaient toutes les illustrations du pays. Vif à l'attaque comme à la riposte, il excellait dans cette guerre de coups d'épingle délicats et d'allusions piquantes, sans que jamais cependant il lui échappât un de ces mots cruels que l'adversaire ne pardonne pas. On avait pu apprécier toute l'étendue de son flexible talent en le voyant tenir tête, dans une affaire des plus graves, à Hennequin, l'avocat le plus incisif du barreau de Paris. Il était mûr maintenant pour une scène plus grandiose; les événements pouvaient se succéder sans le surprendre : il était prêt.

La Révolution de 1830 éclata. Le 26 juillet, le *Moniteur* publiait les fameuses ordonnances, et à cette provocation suprême le peuple de Paris répondait en renversant la royauté des Bourbons. Le jeune avocat accueillit avec des transports de joie le gouvernement de Juillet : passionné pour le mécanisme régulier des institutions anglaises, il saluait avec ivresse le triomphe définitif de ce régime parlementaire, si ardemment souhaité par lui, et qui, dans sa pensée, était sans contredit le plus propre à réaliser l'alliance si difficile de l'ordre et de la liberté. Comme don de joyeux avénement, Louis-Philippe avait rendu aux avocats l'élection de leur bâtonnier et des membres du conseil de l'ordre : à Lyon, ce fut Sauzet qui rédigea l'adresse de remerciement et qui eut mission de la présenter au nouveau roi.

Je me hâte d'arriver à ce point culminant que l'on retrouve dans toute grande destinée, et où, quelque choyée qu'elle ait été par le succès, semblent se concentrer tous les rayons, se résumer toutes les victoires. Dans l'existence de Sauzet, ce sommet radieux fut le procès des ministres : à cette occasion, le dieu de l'éloquence lui envoya une de ces fortunes qu'il ne réserve qu'à ceux de ses favoris dont il est absolument sûr. — La monarchie des Bourbons venait de s'effondrer au milieu des péripéties d'une lutte qui avait attesté la haine profonde que les générations nouvelles portaient au régime du passé; Charles X avait, non sans une dignité mélancolique et majestueuse, pris pour jamais le chemin de l'exil.

Mais le peuple vainqueur dans les journées de Juillet, ne désarmait pas ses ressentiments en présence de la dynastie tombée. De nombreuses victimes avaient été frappées, durant cette lutte prolongée et meurtrière : il réclamait vengeance pour le sang versé, et exigeait qu'on trouvât des coupables. C'est ainsi que le nouveau gouvernement, obéissant avec moins de bon sens et plus de faiblesse qu'il n'eût fallu aux passions populaires, avait amené devant la Cour des Pairs les ministres de Charles X. Mais, disaient quelques esprits éclairés et demeurés à l'abri des entraînements du combat et des rancunes de la victoire, la responsabilité des ministres n'est qu'un corollaire de l'inviolabilité royale. On n'a pas respecté l'inviolabilité de Charles X; donc ses ministres ont cessé d'être responsables. C'était dire aux triomphateurs de fléchir sous des subtilités de légiste. Comme aux temps de Charles Ier et de Strafford, la Chambre des députés prenait en main la direction du procès, et nommait trois commissaires (1) pour soutenir les charges de l'accusation devant la Cour des Pairs.

Des quatre naufragés de cette tempête politique, des quatre ministres dont une populace exaspérée réclamait la mort à grands cris, le plus intéressant, comme le plus à plaindre, était sans contredit M. de Chantelauze. Consacrant dans la retraite sa vie paisible à l'étude des lois, éloigné des intrigues, jamais, dans ses rêves d'avenir, il n'avait entrevu de telles splendeurs ni de tels désastres. On l'avait presque contraint d'accepter une place dans le minis-

---

(1) C'étaient MM. Mauguin, Madier de Montjau et Bérenger.

tère du 8 août. « Jeté par la fatalité au faîte des
» honneurs et presque en même temps dans l'abîme,
» il vit la même époque contemporaine de sa gran-
» deur et de sa chute, sans pouvoir éviter ni l'une
» ni l'autre. A peine passa-t-il par le pouvoir pour
» tomber dans les fers, et la fortune lui compta
» moins d'heures dans les palais ministériels que le
» temps ne devait lui en mesurer depuis dans le
» donjon de Vincennes » (1).

C'est alors qu'il reporta ses regards sur cette ville de Lyon dans laquelle s'était écoulée presque toute sa carrière de magistrat (2), et des souvenirs de mutuelle estime lui revinrent en mémoire ; son choix vint se fixer sur le jeune avocat dont les éclatants débuts avaient produit une si vive impression dans son esprit. Certes, à cette époque privilégiée, dans cet âge d'or du barreau, ce n'étaient pas les grands noms ni les grandes renommées qui faisaient défaut, et plus d'un maître de la parole eût été fier de couronner sa carrière, en se mettant au service d'une aussi touchante infortune. M. de Chantelauze eut foi en ce jeune homme qui portait, empreinte sur son visage, la marque des prédestinés ; il ne voulut point d'autre avocat que lui. Heureux Sauzet, avant trente ans il avait trouvé une cause, une de ces causes qu'on cherche souvent toute la vie pour y mettre ce qu'on a de trésors naturels et amassés, et pour faire cette maîtresse peinture que tout orateur a en lui !

« Pour moi, s'écriait-il plus tard, à la nouvelle de

(1) Exorde de Sauzet. — Plaidoyer pour M. de Chantelauze. — *Moniteur*, t. LXXXII, p. 1781-1787.
(2) Il avait été avocat-général à Lyon.

» cette haute mission qui me vouait à M. de Chante-
» lauze, mes yeux n'osèrent se lever sur le brillant
» éclair qui venait de percer l'obscurité de ma vie.
» Cependant une telle cause eût prêté des ailes à
» toutes les faiblesses ; et quelque retentissement
» qu'aient pu soulever depuis, autour de mon nom,
» les faveurs ou les rigueurs de la fortune, l'honneur
» de l'avoir mêlé à cette mémorable journée comptera
» toujours comme le plus grand souvenir de ma
» vie » (1).

Le jour du procès était arrivé. Ni le roi ni le cabinet ne voulaient d'une condamnation capitale, et ils espéraient qu'en rejetant sur le monarque tombé toute la responsabilité des ordonnances et de leurs suites, les ministres forceraient ainsi l'indulgence de leurs juges. C'était bien mal connaître MM. de Polignac, Peyronnet, Chantelauze et Guernon-Ranville, que de les croire capables d'une aussi honteuse capitulation de conscience, d'une aussi basse lâcheté. D'un autre côté, un bruit menaçant et sinistre venait de se propager. Interrogé sur le châtiment que, suivant lui, on devait infliger aux accusés, M. Mauguin, l'un des commissaires, avait répondu : La mort ! (2). Pourtant l'humanité rendit inconséquents quelques-uns des plus illustres ennemis des ministres : ils firent de nobles efforts pour que le sang ne coulât pas ; mais leur concours lui-même risquait d'être impuissant, sans la soudaine inspiration de l'homme dont nous faisons l'éloge, et pour lequel cette journée devait être celle du triomphe. Jamais

---

(1) Eloge de M. de Chantelauze, par M. Paul Sauzet. Lyon, 1860.
(2) Louis Blanc, *loc. cit.*

plus haut débat n'avait été soumis à l'appréciation et au contrôle d'un plus brillant auditoire. Tout ce que Paris, tout ce que la France même renfermait d'illustrations politiques, militaires ou artistiques, se pressait dans la salle des séances, interrogeant anxieusement du regard chaque pair, et cherchant à deviner par avance le vote qu'il allait émettre. C'est que, et ici c'est Sauzet lui-même qui parle, tout était grand dans ce procès, les principes comme les faits. Il fallait creuser jusqu'aux plus intimes origines de la société et mettre à nu ses plus mystérieux fondements..... Pour les faits, c'était l'histoire de toutes nos discordes, l'héritage de toutes nos catastrophes; l'interprétation de cet article 14 déposé en germe dans toutes les constitutions; la Charte tour à tour invoquée et méconnue.....; la France divisée en deux camps par d'implacables passions et de déplorables malentendus; des luttes armées où la bonne foi peut se trouver des deux parts, et qui ne doivent laisser que des prisonniers de guerre et non des accusés (1).

Nous glissons rapidement, Messieurs, sur les diverses péripéties de ce grand drame. Après un réquisitoire sévère de M. Persil, réquisitoire qui provoquait de grands châtiments, l'avocat de M. de Polignac avait commencé sa défense. Cet avocat, c'était M. de Martignac, l'orateur à la voix enchanteresse, à l'éloquence persuasive et douce. Par un étrange caprice de la fortune, il se trouvait appelé à prêter son appui à celui-là même qui l'avait fait descendre du ministère, et qu'il retrouvait captif, obligé de

(1) Sauzet Eloge de M. de Chantelauze, *loc. cit.*

défendre sa vie et sa mémoire menacées. On devine ce que fut sa plaidoirie : empreinte d'une mélancolie profonde et sympathique, elle tint toute une journée en suspens l'auditoire attendri. A la pâleur qui couvrait le visage de l'orateur, aux efforts qu'il faisait pour soutenir sa voix brisée par le mal et par la fatigue, peut-être ce public d'élite comprenait-il que c'était là le dernier chant du cygne, le suprême rayonnement d'un foyer qui allait s'éteindre à jamais.

Après M. de Martignac, M. de Peyronnet avait demandé à présenter lui-même sa défense; il l'avait fait avec modestie et dignité, et son discours avait rendu à peu près inutile le plaidoyer de Mᵉ Hennequin, qui ne fit en effet que reproduire, sous une forme nouvelle et ingénieuse, les considérations développées par son confrère et son client. Tout le monde d'ailleurs était impatient d'entendre le défenseur de M. de Chantelauze, et tous les regards se portaient avec une curiosité fiévreuse sur ce jeune avocat qu'avait précédé à Paris une si grande réputation de libéralisme et d'éloquence. Sa figure intelligente et expressive, le charme répandu sur toute sa physionomie, lui avaient déjà concilié les sympathies de cette partie frivole du public qu'on entraîne par les apparences ; cependant, sur les lèvres du plus grand nombre errait je ne sais quel sourire de moqueuse incrédulité qui eût fait reculer tout autre que Sauzet. Pour tout dire, on se défendait d'ajouter foi à tout ce que la renommée avait publié de flatteur sur le compte de l'avocat lyonnais. Qui était-il pour oser paraître à cette barre retentissante de la Cour des Pairs, et pour oser se mesurer avec les maîtres de la tribune ? — Parce qu'il avait excité l'enthousiasme de quelques jurys de campagnards, s'imaginait-il, par aventure, exercer la même influence sur une assemblée composée d'hommes lettrés, froids, railleurs, défiants, émoussés, n'agissant que par réflexion, et disposés par leurs habitudes mêmes à se défier des draperies oratoires et de l'éloquence à grands ramages ? — « Qu'on ne s'y méprenne pas, » s'était cependant écrié Berville, il y a dans ce » jeune homme l'étoffe d'un second Martignac plus » habile et plus séduisant peut-être que le premier ! » Et partagé entre deux sentiments contraires, l'auditoire attendait avec curiosité le commencement de l'épreuve. Sauzet se lève enfin, en proie à une émotion profonde, mais aussi le front transfiguré par la conviction du triomphe. Dans une page qui restera, un brillant historien (1) nous a décrit « la » taille haute de l'orateur, sa figure pâle et fatiguée, » les paroles à la fois pathétiques et brillantes qui » sortaient pressées de sa bouche, le continuel ba- » lancement de son corps, attribué à l'élan d'une » émotion malaisément contenue. » Il parla au milieu du plus complet silence, et, dès les premières périodes, on put dire qu'il avait conquis son auditoire ; une sensation profonde, indescriptible, maîtrisait les esprits : il semblait que sur cette foule attentive venait de passer ce souffle fatal et irrésistible qui planait sur les assemblées antiques aux beaux jours des Isocrate et des Sulpicius.

Il commença par esquisser à grands traits cette noble et austère figure de son client, dont l'existence toute entière avait été vouée au culte de l'étude et à

---

(1) Louis Blanc, *loc. cit.*, page 189.

la pratique du devoir; il montra, dans sa belle réalité, le désintéressement de cet homme modeste qu'on accusait d'avoir cherché à tourmenter les institutions de son pays pour en faire sortir une révolution qui servît de piédestal à son élévation. Après les élections hostiles qui venaient de s'accomplir, les ministres devaient-ils donc abandonner le roi? Certes, leur conscience balançait; leur esprit ne voyait d'autre remède que la démission; mais leur cœur eût cru désobéir à une volonté auguste en se retirant devant elle, et ce n'est pas en France que les erreurs et le fanatisme de la fidélité ne doivent pas trouver d'excuse. Les ordonnances survinrent; le peuple fut vainqueur; au moment de la victoire, il pardonna à tout, sauf à la dynastie : aujourd'hui, à défaut du roi qu'il n'a pu frapper, il entend frapper les ministres. — Et de ce point de départ, Sauzet envisageait les ordonnances dans leurs rapports avec la Charte. Il n'y a pas de Charte, disait-il, sans article 14; et quand il ne s'y trouve pas, la nécessité peut forcer un jour à l'y mettre. C'est la nécessité qui est l'interprétation vivante des Chartes. Jamais la société ne peut se commander à elle-même le suicide, et il se rencontre des crises où il faut les bouleverser, sous peine de les détruire. — Cette vérité de l'histoire s'appellera ostracisme, dictature, lits de justice, et, chez nous, régime des ordonnances.

Une seule question restait à examiner : les ordonnances avaient-elles été rédigées sous la loi de cette nécessité souveraine? — Ici le doute était impossible. La dynastie des Bourbons aurait pu se maintenir sans doute par des concessions habilement ménagées, si la source de ses périls n'avait été qu'à la surface de la société, si elle n'avait eu à se défendre que contre quelques conspirations obscures, si son salut n'avait exigé qu'une part un peu plus large faite à la liberté. Mais non : la dynastie de Charles X était fille de l'invasion ; elle devait son trône aux victoires des coalisés ; la défaite de nos armées, l'abaissement de la patrie, avaient seuls amené son retour. Voilà son crime irrémissible aux yeux de la nation ; voilà ce qui multipliait les dangers sous ses pas et l'avait environnée d'un cercle d'ennemis indomptables. Oui, la Restauration avait beaucoup fait pour se réconcilier avec la France ; mais ses avances étaient venues échouer devant la défiance générale. Quand la couronne accordait quelques libertés, on se plaignait de les voir émanées d'une charte octroyée et révocable, comme le principe de la Charte elle-même. Quand la dynastie acceptait nos gloires, on lui reprochait de les avoir déplorées. Quand elle s'attendrissait sur nos désastres, on lui montrait, aux champs de Waterloo, le lion britannique qui lui avait ouvert le chemin de la France (1). Ou le despotisme, ou le suicide, elle n'avait pas d'autre alternative ; et c'était l'œuvre insolente des ennemis de la France que le peuple parisien avait entendu frapper dans Charles X aux journées de Juillet. C'est que, disait l'orateur, avec des accents d'une incomparable éloquence, ce sentiment de nationalité est le plus fortement enraciné dans tous les cœurs français. Henri IV d'Angleterre avait dû son exclusion du trône, beaucoup plus à ses armoiries anglaises qu'au principe contesté

---

(1) Plaidoyer devant la Cour des Pairs. — *Moniteur, loc. cit.*

de la loi salique; et lorsque derrière la Ligue, d'abord si populaire, s'introduisirent l'appui de Philippe II et la menace de l'Espagne, la France résista parce qu'elle ne voulut pas appeler alliée la nation qu'elle avait toujours, jusque-là, appelée ennemie. Donc, concluait-il, entre le roi tombé et le pays, la lutte a présenté tous les caractères de la *fatalité*. S'imposer devenait une nécessité; il fallait recourir au coup d'Etat d'en haut contre les révolutions d'en bas : si ce fut un crime, ne pas le commettre était au-dessus des forces humaines. Et Charles X s'embarquant à Cherbourg, suivi de sa famille en pleurs, laissait-il quelque chose à ajouter à l'expiation ?

Puis, après un magnifique tableau de la Restauration, dans lequel il évoquait, avec les plus saisissantes couleurs, l'œuvre inexorable de la Fatalité conduisant la vieille monarchie aux abîmes, Sauzet abordait la redoutable question de la responsabilité des ministres. D'après la Charte, et en présence de l'inviolabilité du roi, les ministres seuls sont responsables. Mais, disait-il, vous avez violé la personne royale et la royauté même; si Charles X n'a pas été frappé, vous avez brisé sa couronne; l'ancienne royauté n'est plus, et dès lors la responsabilité ministérielle a disparu dans le naufrage de l'inviolabilité royale (1). Si les ministres ont violé la Charte, la violation de la Charte n'est-elle pas plus grande de la part de ceux qui détruisent l'inviolabilité royale ? La fiction de la responsabilité ministérielle n'ayant été introduite dans la Charte que pour

---

(1) *Moniteur*. — Année 1831, p. 178. — 1787.

sauvegarder la personne royale, cette responsabilité n'existe plus le jour où la monarchie est renversée.

Tel fut, quant au fond des idées, le système de défense présenté par Sauzet; car, pour vous faire apprécier cette éloquence élevée, abondante, pleine d'idées, d'émotions et d'images, ce luxe inouï de pensée et de langage, il faudrait vraiment tout citer. L'effet produit fut immense, et il ne pouvait pas en être autrement : l'avocat lyonnais avait surpassé M. de Martignac, le charme fait homme (1). Pendant la durée de cette harangue splendide, les applaudissements avaient éclaté dans les tribunes, et jusques dans l'auditoire même. Mais, quand, après une péroraison touchante, l'orateur s'assit auprès de ses confrères émerveillés, l'enthousiasme ne connut plus de frein, et le président n'essaya même pas de le contenir, en lui opposant la formule d'usage. Les avocats et les accusés lui adressèrent les premières félicitations; Martignac et Peyronnet lui serraient la main avec force, pendant que M. de Chantelauze lui témoignait, par son émotion profonde, sa reconnaissante satisfaction. On vit Dupin aîné se précipiter de la tribune publique dans les bras de Sauzet, et, les larmes aux yeux, l'embrasser avec un affectueux abandon (2). Les pairs quittaient leurs places, et conduits par le duc de Fitz-James, s'empressaient autour de lui pour le complimenter. Quel avocat, mes chers confrères, obtint jamais un plus beau triomphe ? Nos annales parlementaires rapportent qu'au moment

---

(1) Guizot, *Mémoires*, t. II, p. 251.
(2) *Gazette des Tribunaux*, 21 décembre 1830. — Louis Blanc, *loc. cit.*, p. 191.

où Mirabeau terminait son discours sur la Banqueroute par la mémorable apostrophe qui demeure dans tous les souvenirs, un membre de la Constituante voulut lui répondre, et encore transporté d'admiration, demeura longtemps la bouche ouverte, sans pouvoir proférer une seule parole (1). De même une des illustrations du barreau de Paris, M⁰ Crémieux, se vit un instant dans l'impossibilité de s'arracher à l'impression profonde qu'il avait ressentie, et de commencer son plaidoyer. « Il faut que je parle, et j'écoute encore !... » Tels furent ses premiers mots. « La nuit dernière, les lauriers de Miltiade m'ont » empêché de dormir ; mais mon insomnie a été » douce, en songeant qu'un avocat qui gagnait ainsi » sa propre cause, sauvait ses clients et les envelop- » pait dans son triomphe » (2). L'heure était solennelle, Messieurs ; l'émeute rugissait aux portes du Luxembourg, demandant la tête des ministres, et Crémieux, en élevant le bras, avait laissé voir l'uniforme de garde national caché sous la robe de l'avocat. Tout-à-coup, sa voix s'éteint, il chancelle et tombe évanoui. Toute l'assemblée est debout ; l'inquiétude se peint sur tous les visages. On entend un bruit sinistre.... ; c'est le tambour qui annonce l'insurrection.

Ces heures brûlantes sont bien loin de nous. Notre génération a traversé tant de périodes difficiles, elle a contemplé tant de drames, tant de désastres, qu'il semble en vérité que nous soyions peu faits pour comprendre l'immense sensation produite par ce plaidoyer unique. Pourtant, Messieurs, bien qu'un

---

(1) H. Reynald. — *Mirabeau et la Constituante*, p. 267.
(2) *Gazette des Tribunaux*, loc. cit. — Louis Blanc, loc. cit.

— 37 —

arrêt tombé des lèvres d'un illustre critique (1), décide que les orateurs ne se lisent pas, j'affirme que ce splendide morceau d'éloquence ne peut être astreint à la règle commune. Burke et Fox, dans leurs mémorables discours sur la Révolution Française, ou dans le procès de Warren Hastings; lord Chatam, dans son apostrophe à l'ancêtre de lord North, le défenseur de la foi protestante et le vainqueur de l'Armada; Erskine plaidant pour Thomas Payne ; — et chez nous, Berryer et M. de Serre se sont seuls élevés à de pareilles hauteurs. C'est qu'indépendamment du souffle fatal, je dirai même prophétique, qui circule dans le plaidoyer pour M. de Chantelauze, l'habileté s'y rencontre avec l'émotion, et il n'est pas un seul de ces larges développements qui ne soit revêtu de la plus exquise forme littéraire. Tout récemment, à l'audience solennelle de rentrée de notre Cour d'Appel, un éminent magistrat qui, à l'imitation de nos anciens parlementaires, ne dédaigne pas d'allier le goût des lettres à l'étude des lois, réclamait en termes élevés la création de chaires d'éloquence judiciaire (2). Avec l'indignation d'un lettré, il condamnait cette tendance qui, désertant les traditions de nos ancêtres de la magistrature et du barreau, fait bon marché de la forme et la regarde comme un accessoire facultatif, une parure superflue, dont l'orateur peut se servir, pourvu que le temps lui permette cette fantaisie purement artistique. Si le vœu exprimé par M. Loubers vient à se réaliser, ce que Dieu veuille ! les œuvres oratoires

---

(1) Villemain, *Littérature au XVIIIe siècle*, t, IV.
(2) M. Loubers, avocat-général, discours du 3 novembre 1876.

— 38 —

de Sauzet figureront sans conteste au premier rang parmi les modèles dont on poursuivra l'étude. « Ceux de nos jeunes confrères, disait Oscar de » Vallée, qui, sans dédaigner les réalités de la vie, » les exigences du temps présent, l'art affaibli et » facilité de nos débats, cherchent les secrets de la » véritable éloquence, doivent lire et relire, méditer, » absorber l'admirable plaidoyer prononcé devant » la cour des Pairs » (1). Un homme qui se connaissait en éloquence, Royer-Collard, affirmait qu'on n'avait rien entendu d'aussi saisissant depuis Mirabeau, et le savant historien Niebuhr, sur son lit d'agonie, éprouvait un suprême plaisir à se faire relire ces pages grandioses et émouvantes (2).

Cette époque fut certainement la plus belle de la vie de Sauzet. Tout lui souriait. Malgré de grands efforts tentés pour le retenir à Paris, il était revenu à Lyon où ses confrères lui avaient prodigué les plus flatteuses marques d'enthousiasme; et là, toutes les infortunes, sans distinction de parti, venaient réclamer le secours de sa parole. C'est durant cette période qu'il défendit, avec quelle adresse, vous le savez, le général de Saint-Priest, duc d'Almazan, impliqué dans l'affaire du Carlo-Alberto. Il revendiqua pour la main de Dieu contre la justice, ces naufragés du brick légitimiste poussés par le flot au rivage français, et leur acquittement fut prononcé (3). Du reste, qu'il réclamât pour une vénérable et

---

(1) Oscar de Vallée, *Gazette des Tribunaux*, 15 juillet 1876.

(2) Discours du docteur Texier sur la tombe de Sauzet. — *Moniteur judiciaire de Lyon*, 15 juillet 1876.

(3) *Gazette des Tribunaux*, mars 1833.

touchante infortune, une miette de l'indemnité des émigrés; qu'après nos discordes civiles, il défendît Lyon des rigueurs de la loi de vendémiaire; qu'il couvrît de sa protection toute puissante un jeune avocat qu'on allait rayer du tableau de l'ordre et qui s'appelait Jules Favre (1), toujours, partout, il transportait d'admiration, même quand il ne parvenait pas à convaincre. Ajoutez à toutes les puissances, toutes les générosités de la défense. Devant l'accusation, plus de partis politiques pour lui. S'il a couvert un Vendéen de sa parole, c'est d'un républicain qu'il demande l'acquittement dans cette péroraison d'une brièveté superbe : « Magistrats, rendez-moi cet accusé. Ami, je vous en prie; avocat, je vous le demande; jurisconsulte, je vous en requiers! » (2).

Avec un pareil talent, que venaient encore rehausser la courtoisie et l'aimable dignité de son caractère, il était impossible que la députation ne fût pas offerte à Sauzet. La vie politique vint en effet au-devant de lui, car, dans les pays libres, les regards de la foule se fixent invinciblement sur l'homme qui, par son mérite, a su s'imposer à l'admiration. Et puis, quoi qu'on en dise, Sauzet avait de l'ambition : non cette ambition vulgaire qui se repaît d'argent et de places, ou se satisfait de vains honneurs (cette sorte d'ambition, il ne la connut jamais que pour la mépriser); mais celle qui l'animait et dont il était plein, c'était cette mâle et pure

---

(1) Jules Favre était accusé d'avoir publié, dans le *Précurseur*, un compte-rendu infidèle d'une audience de la Cour royale de Lyon.

(2) Discours de Me Gayet, *loc. cit.*

ambition, la première des vertus publiques chez les peuples libres, qui, dans celui qui l'éprouve, se confond avec l'amour de la patrie et la passion de sa grandeur, qui aspire à gouverner l'Etat, mais au prix des luttes inséparables de la liberté, au milieu d'efforts sans cesse renouvelés et de succès dus à la seule supériorité du mérite et des talents : grande et noble ambition qu'il faut honorer et non flétrir, qui seule donne au pouvoir son lustre et sa dignité, et qui grandit ceux même qu'elle n'élève pas.

En 1834, Sauzet était élu par deux colléges du département du Rhône. Sa réputation l'avait précédé à la Chambre, et un portefeuille lui était destiné d'avance dans le ministère des trois jours, dont faisaient partie MM. Teste, Passy et le duc de Bassano (1). Comme son adhésion était indispensable, son nom ne fut pas inséré au *Moniteur;* et quand, mandé en toute hâte par le roi, il arriva à Paris, le ministère avait vécu. Vous ne vous attendez certainement pas, Messieurs, à ce que je suive Sauzet pas à pas dans la nouvelle carrière qui l'enlevait au barreau : autant vaudrait entreprendre l'histoire parlementaire de la monarchie de Juillet. D'ailleurs, si j'étais assez téméraire pour aborder cette tâche semée d'écueils, si je passais en revue les diverses péripéties de ce jeu de bascule qu'on appelle le régime parlementaire, ces mille intrigues, ces coalitions, ces trahisons, ces crises ministérielles ardemment provoquées, sans nul souci du contre-coup imprimé aux affaires du pays, en un mot, toutes les petites rouperies de ce qu'on a appelé « la course au portefeuille, »

---

(1) 10 novembre 1834.

peut-être m'accuseriez-vous de préoccupations trop contemporaines; peut-être aussi risquerais-je de voiler cette grande figure de Sauzet que je tiens à vous présenter intacte de toute compromission de conscience, de tout calcul intéressé. Aussi bien, dans Sauzet, n'est-ce que l'avocat que je me suis surtout proposé de vous faire connaître, car l'avocat était la plus belle et la plus attrayante face de cette grande personnalité.

A son arrivée à la Chambre, Sauzet composa d'abord avec MM. de Lamartine et Janvier le parti appelé *parti social* qui, mêlant des réminiscences philanthropiques à l'orthodoxie religieuse, voulait arriver au progrès universel « en codifiant le christianisme » (1). Bientôt éclairé sur la portée d'un programme politique éclos dans le cerveau d'un poète, il marqua sa place sur les bancs du centre gauche, à côté de MM. Dufaure et Passy; et, dès lors il ne cessa de se montrer en même temps conservateur, indépendant, catholique et libéral.

Ses théories en politique étaient les théories anglaises. Il pensait que tout peuple, digne de ce nom, doit participer au gouvernement de ses propres affaires, et que, sans des institutions libres, il ne peut y avoir pour un pays de vraie grandeur, ni pour ceux qui l'administrent, de vraie dignité. Il avait la haine des révolutions, et croyait fermement que, dans l'état de la France et de ses mœurs, la forme qui lui convenait le mieux était la monarchie constitutionnelle, celle qui conciliait l'autorité du prince avec la représentation nationale. Il était persuadé,

(1) Louis Blanc, *Histoire de Dix-Ans*, t. IV.

avec Tocqueville (1), que l'énergie du pouvoir central est bien plus nécessaire chez un peuple démocratique où la force sociale est disséminée, que dans une aristocratie. Voilà pourquoi il repoussait, de toute son énergie, la forme républicaine dont l'avénement, disait-il, serait le signal d'une grande dissolution morale, et, finalement, de notre décadence et de notre ruine.

La discussion de l'amnistie (il s'agit du procès d'avril, Messieurs), fut l'occasion d'un de ses premiers succès de tribune; après l'avoir entendu, Royer-Collard le proclamait un des plus grands orateurs de son époque. Il montra bientôt toute la souplesse de son talent fin et littéraire, quand il fut chargé par la Chambre d'examiner les charges qui s'élevaient contre MM. de Cormenin et Audry de Puyraveau, traduits devant la cour des Pairs. Son rapport, chef-d'œuvre de précision et de science juridique, rencontra une approbation unanime. Peut-être l'indulgence même de ses conclusions à l'égard de M. de Cormenin lui valut-elle l'inimitié du mordant pamphlétaire qui, à l'ombre de Timon d'Athènes, cachait le plus satirique et le plus vif esprit français. Ce fut encore Sauzet qui, après l'attentat de Fieschi, rapporta les fameuses lois de septembre, dans un langage dont les vives fleurs et le module cadencé rappelaient un autre orateur, demi-dieu de la poésie. Ceux qui, à l'occasion de ce travail, incriminent son libéralisme, oublient qu'il se prononça vivement contre la censure, affirmant que, pour

---

(1) Alexis de Tocqueville, lettre à Eugène Stoffels, 5 octobre 1836 ; *loc. cit.*

les délits de presse, le système répressif était le seul juste et efficace, à l'exclusion du système préventif (1).

Dès cette époque, il fut classé par l'opinion au nombre de nos plus illustres parlementaires. Ses brillantes qualités d'avocat avaient fait de nouveaux progrès ; il avait acquis l'impétuosité et la dextérité des attaques, l'à-propos et l'habileté des ripostes. « Comme M. de Martignac, disait Cormenin, il pare
» avec adresse et passe à côté du coup de lance. Il
» ne se laisse pas facilement désarçonner, et glisse
» à terre plus qu'il n'y tombe. Comme M. de Mar-
» tignac, Sauzet résume admirablement les opinions
» d'autrui, et il se tire des discussions les plus tor-
» tueuses avec une sagacité, une délicatesse et un
» art qu'on n'a pas assez loués » (2). Aussi fut-il chargé de rapporter tous les problèmes difficiles et prêtant à la controverse : lois de finances, responsabilité ministérielle, nature des lois interprétatives, projet contre les loteries mixtes et leurs scandaleux abus, conversion des rentes. Mais c'est surtout dans la discussion de la loi du 27 avril sur les mines, qu'il fit preuve d'un talent hors ligne. Avec quelle science profonde, avec quelle justesse d'esprit, avec quelle habileté de dialectique, il conduisit le débat ! Autant sa parole était pompeuse et solennelle devant la Cour des Pairs, autant elle fut simple, nette, et pourtant toujours élégante. Et Cormenin, d'ordinaire si peu bienveillant pour lui, écrivait : « Après son discours

---

(1) Rittiez. — *Histoire du règne de Louis-Philippe*, t. II, p. 149 et suiv.

(2) Cormenin, *Livre des Orateurs*. Portrait de Sauzet, p. 397 à 410.

» sur la loi des mines, Sauzet sera, quand il le vou-
» dra, notre premier orateur d'affaires » (1).

Nommé ministre de la justice et des cultes, le 22 février 1836, Sauzet ne fit au pouvoir qu'une bien courte apparition ; il s'y montra fermement attaché aux principes d'ordre, mais aussi de conciliation. Sous son initiative, une grande commission fut créée pour préluder par la simplification de l'expropriation forcée à la réforme du système hypothécaire. Il la présida souvent, et là, comme au Conseil d'Etat, il déploya une clarté, une impartialité, une science du droit, qui demeureront au-dessus de tout éloge.

La Chambre s'en souvint. Quand l'émeute du 12 Mai amena la formation d'un cabinet présidé par le maréchal Soult, Sauzet, qui avait été l'un des plus adroits meneurs de la coalition, fut élevé par ses collègues à cette dignité qui, sous un gouvernement parlementaire, marche presque de pair avec la dignité royale : le 14 mai 1839, il était élu président par cette Chambre qui comptait dans son sein les Broglie, les Thiers, les Molé, les Berryer, les Lamartine ! Ici commence la plus longue période de présidence continue qui ait eu lieu sous la monarchie constitutionnelle : elle ne devait finir qu'avec elle. Sauzet fut élu dix fois pendant neuf ans, tantôt contre M. Thiers, tantôt contre Odilon Barrot, Dupin et Lamartine. L'élection de 1848 lui avait donné une majorité plus forte que les précédentes.

Dès lors, nous n'entendrons plus la voix du grand orateur. « Eloquentia, sicut flamma, materiâ alitur, » a dit Tacite ; et Sauzet ne retrouvera plus l'oc-

---

(1) Chantelauze, *M. Paul Sauzet*, p. 49 et suiv.

casion de faire résonner ces accents harmonieux qui l'avaient rendu l'idole de ses collègues et du pays tout entier. Comme Président du moins, il ne tarda pas à acquérir une haute réputation de talent et de dignité impartiale. Doué d'éminentes qualités, noble prestance, voix sonore, élocution facile et distinguée, il excella dans l'art de poser les questions, de façon à laisser le champ libre à toutes les opinions. Assurer le respect aux résolutions de la chambre, et protection aux discussions de la minorité, fut sa constante ligne de conduite. Ajoutons des dons particuliers : une grande affabilité de manières, des paroles caressantes pour le plus grand nombre, courtoises pour tous, un soin infini de ménager les amours-propres et le bonheur de n'en blesser aucun, un talent tout particulier pour détourner ou dissiper un orage par une de ces vives saillies, un de ces mots spirituels que le duc de Morny devait plus tard remettre à la mode (1). Qui ne se rappelle, pour en sourire, les dialogues invraisemblables que notre journal satirique par excellence faisait s'engager presque journellement entre Dupin et Sauzet ?

Vint la révolution de Février. Depuis quelque temps, comme le disait M. Guizot, le pays était sérieusement malade (2) ; son mal s'appelait l'esprit révolutionnaire; et le chef du cabinet déclarait qu'il n'y avait qu'un seul remède, l'esprit de résistance et de légalité. Or ce genre de consultation ne plaisait pas à tout le

---

(1) Dupin, *Mémoires*. — *Journal le Charivari* (collection de 1844 à 1848).

(2) Vitet ; *La Monarchie de 1830*. — *Revue des Deux-Mondes*, 1er décembre, 1861.

monde. La classe ouvrière fermentait ; ses passions, de politiques étaient devenues sociales. Il se répandait peu à peu, dans son sein, des opinions qui ne tendaient pas seulement à renverser telles lois, tel ministère, tel gouvernement, mais la société elle-même. Vous connaissez, Messieurs, les diverses phases de cette émeute qu'un incident déplorable fit dégénérer en insurrection : les banquets réformistes, les orages de la discussion de l'adresse, les journées des 22, 23 et 24 février, la retraite de M. Guizot, les ministères Molé, Thiers, Barrot se succédant d'heure en heure, le commandement des troupes donné au maréchal Bugeaud qui, au moment où ses soldats vont commencer l'attaque, se voit forcé d'envoyer contre-ordre ; enfin l'abdication et le départ du roi.

La Chambre des Députés continuait à tenir séance. Malgré les rumeurs sinistres qui commençaient à se répandre, elle n'avait reçu aucune notification de dissolution, et croyait de son devoir de se considérer comme légalement existante, et de prêter au pouvoir le concours d'un reste d'autorité sans force et sans crédit. Sauzet était à son poste ; la salle présentait un aspect morne et glacé ; une sombre préoccupation se lisait sur tous les visages. Tout-à-coup, le président annonce d'une voix ferme, mais émue, que la duchesse d'Orléans vient chercher un asile au sein de la représentation nationale ; elle paraît, en effet, tenant par la main ses deux fils, et de sympathiques acclamations accueillent son entrée. Les amis de la dynastie s'efforcent de faire décréter l'élévation du comte de Paris au trône et la régence de sa courageuse mère. Mais, à ce moment, cet élément multiple et insaisissable, qu'on est convenu d'appeler le peuple, et qui sert d'invariable avant-garde à toutes nos révolutions, envahit subitement le Palais Bourbon, guidé par les chefs républicains, et fait irruption tumultueuse et désordonnée dans la salle des séances. Sauzet essaie courageusement de tenir tête à l'orage : il comptait sur l'appui de Bedeau et sur l'ascendant de Lamartine. Bedeau ne parut pas ; il avait reçu l'ordre de ne pas se défendre. Quant à Lamartine, il s'était fait sacrer consul. Devant la représentation nationale insultée et brisée par des bandes sinistres qui braquaient leurs fusils sur les membres du Bureau ; en face de la proclamation de la République qui allait être mise aux voix et votée par cette multitude toujours croissante, Sauzet se couvrit et quitta son fauteuil. — La monarchie de Juillet n'était plus (1).

Tel fut le rôle de Sauzet dans cette triste journée où le gouvernement de Louis-Philippe, auquel, la veille encore, on eût pu promettre une existence paisible et à l'abri des orages, s'écroula subitement, sans avoir essayé d'engager avec le flot insurrectionnel une lutte dont l'issue eût peut-être été douteuse. — On a diversement apprécié la conduite et l'attitude du président de la Chambre au milieu de ces scènes de désordre : les uns incriminant sa faiblesse en face de l'émeute, alors qu'il eût pu, disent-ils, appeler à son secours les troupes qui campaient dans le voisinage, et faire arrêter par les

---

(1) Lamartine. — *Histoire de la Révolution de 1848.*
Procès-verbaux des séances de la Chambre des Députés; session de 1848.
Sauzet. — *La Chambre des Députés et la Révolution de Février.*

armes la foule envahissante ; les autres, lui reprochant d'être demeuré obstinément à son fauteuil, quand rester en séance dans de telles circonstances, c'était maintenir un champ de bataille pour les factieux. On est prompt, Messieurs, en temps de révolution, à accuser de faiblesse le caractère des hommes qui ne sont pas violents ; et Sauzet n'avait rien, il faut en convenir, de cette énergie sombre et farouche, produit du tempérament plus encore que des passions, qui procède par élans et par bonds, et s'élève très haut, quelquefois pour tomber plus bas encore. A la Chambre, pas plus qu'à la barre, on ne lui vit jamais ni cette haine du regard, ni ce geste dominateur, ni ces emportements de maître qui agissent sur la multitude comme les vents d'orage sur les flots de la mer. Ce n'était pas un tribun sachant parler le langage des foules. Orateur doux et délicat, il aurait peut-être excellé à faire impression sur un peuple élégant et poli comme le peuple athénien ; mais sa parole était impuissante à servir de digue contre les emportements de cette armée révolutionnaire, qu'on n'apprivoise plus avec de belles paroles, comme M. de Lamartine, le dieu d'alors, allait bientôt l'apprendre à ses dépens.

Devait-il, comme Boissy-d'Anglas, attendre la mort sur son siége, jusqu'à ce qu'on fût venu lui présenter au bout d'une pique la tête d'un autre Féraud ? — Mais à quoi avait abouti, au 1er prairial, l'énergie de l'héroïque conventionnel, sinon à exaspérer la fureur populaire, et à faire décréter, en pleine Convention, les articles contenus dans le manifeste de l'insurrection ? — Non ; dans les temps où nous vivons, il ne faut plus à cet égard se payer de vaines paroles. Dans un pays travaillé par les idées révolutionnaires, les Assemblées délibérantes doivent renoncer à une résistance pour laquelle elles ne sont point organisées. Quand le pouvoir exécutif n'est plus, et qu'au sein d'une capitale populeuse, l'émeute vient forcer leurs portes, elles n'ont plus qu'une seule chose à faire pour sauvegarder la dignité des représentants de la nation, se séparer. Les fondateurs de l'Union Américaine savaient ce qu'ils faisaient lorsqu'ils installèrent le Congrès dans une ville peu importante et dont ils avaient assuré la neutralité. D'ailleurs, si je voulais remuer les cendres mal éteintes d'un passé récent, si je passais en revue, sous vos yeux, les diverses violations dont nos Assemblées ont été victimes, vous verriez que les mêmes causes ont toujours produit les mêmes effets, que ce soit César ou la plèbe qui vienne disperser le Sénat.

Qu'on ne vienne donc pas accuser Sauzet, et rejeter sur sa tête une responsabilité qu'il n'a nullement encourue. Que fût-il arrivé s'il avait obéi aux conseils de Léon Faucher, et requis l'intervention de la force armée? On croit généralement que c'eût été un massacre inutile pour la cause de la monarchie. Quoi qu'il en soit, Sauzet recula devant cette nécessité lamentable; il était de l'école des éloquents et des doux, et non des résolus et des forts. La révolution, Messieurs, passe impitoyablement sur ces hommes-là, et, à mesure qu'elle monte, elle en fait des otages (1). Le temps n'est plus où le président Molé désarmait les factieux par sa froide

(1) Oscar de Vallée, *loc. cit.*

intrépidité et la majesté de son attitude : de nos jours, Molé irait prendre place aux côtés de Bonjean, voué, comme cette noble et courageuse victime, aux sanglants honneurs du peloton d'exécution.

La vie politique de Sauzet était terminée. Au lendemain de la grande catastrophe qui était venue le frapper dans ses convictions et dans ses espérances, il rentre dans sa ville natale qu'il ne devait plus désormais quitter. Sa tristesse était grande, et sa douleur profonde. Il avait, avec sa vive intelligence, mesuré l'étendue du péril que cette révolution allait faire courir à la liberté. Tout, dans cette république, choquait ses instincts et offensait sa raison : son origine violente et subreptice, les hommes qui l'avaient proclamée, le dévergondage des théories enfantées, les formes ridicules de langage si pompeusement mises à la mode. Quant à sa disgrâce personnelle, elle le touchait peu, preuve que, dans sa carrière politique, il s'était laissé guider par d'autres mobiles que l'ambition et la soif de dominer. « Nous l'avons entendu parler, dit
» M\u02b3 Etienne Récamier, du pénible dénouement de
» sa carrière de président avec une humilité toute
» chrétienne. Le souvenir de cet échec immérité
» était, assurait-il, un moyen qu'il employait pour
» dominer l'orgueil, lorsqu'il le sentait renaître (1). »
Ses amis le suppliaient de rentrer au barreau, ce champ d'asile de tous les vaincus au lendemain des révolutions ; ils le conjuraient de ne pas se condamner au silence, et voulaient qu'il leur fit entendre encore les accents de cette voix mélodieuse

(2) Journal *Le Français*, 16 juillet 1876.

et puissante dont l'écho résonnait dans toutes les mémoires et dans tous les cœurs. Oubliant dans l'exercice d'une profession absorbante les mécomptes et les déceptions de la politique, nul doute qu'il ne fût redevenu le Sauzet de 1830, avec un talent rehaussé encore par la maturité, par une plus complète connaissance des hommes et des choses, par les suprêmes honneurs qu'il avait abordés. Mais sa résolution était prise et les grandes infortunes qui allaient fondre sur lui la rendirent irrévocable. La mort lui fit, au sein de la plus belle famille, une cruelle solitude : tour à tour disparurent sa femme et ses quatre enfants, comme si la Providence eût voulu lui faire racheter ainsi les sourires encourageants qui l'avaient accueilli au seuil de sa carrière, comme si devait se réaliser pour lui, dans toute sa désespérance, le sombre arrêt du poète :

« Ut rebus lœtis par sit mensura malorum !... »

Mais l'infortune élève et fortifie les grandes âmes, et, suivant l'expression de Bossuet, ajoute à la vertu ce je ne sais quoi d'achevé. Sauzet trouva sa consolation dans les lettres et dans la religion (1). A l'époque de sa plus grande fortune comme au milieu des plus grands troubles, il n'avait jamais cessé d'être profondément chrétien. Il poussait jusqu'à la passion ce sentiment qui faisait partie de sa foi politique ; car il estimait qu'il n'y a point de liberté possible sans les bonnes mœurs, et point de bonnes mœurs sans religion. C'est elle, disait-il avec Châteaubriand, qui donne l'ordre et la liberté au

(1) Discours du docteur Texier, loc. cit.

monde, et, après cette vie, une vie meilleure (1). Le Christianisme et la Civilisation n'étaient à ses yeux qu'une seule et même chose, et son vœu le plus cher eût été de voir intimement unis pour le bien des hommes, la foi religieuse et l'amour de la liberté. Bien des hommes, Messieurs, défendent la religion en se dispensant d'y croire. Personne ne s'est montré, de nos jours, plus convaincu que Sauzet de l'utilité sociale du christianisme ; mais il avait compris que la vraie manière d'honorer le christianisme est d'être chrétien, et il affirmait sa croyance sans ostentation, mais aussi sans fausse honte. Levé de grand matin, l'ancien garde-des-sceaux se rendait chaque jour à l'église d'Ainay pour y entendre la messe, perdu dans les rangs des humbles et des petits. Rentré chez lui, il donnait audience aux pauvres comme aux riches, et avec une simplicité et un désintéressement antiques, devenait leur homme d'affaires, leur avocat consultant (2). Les pauvres de Lyon connaissaient bien cette maison modeste de Perrache dont la porte ne leur était jamais fermée ; seuls ils pourraient nous dire jusqu'où allait la charité de cet homme illustre qui, pour mieux se conformer à la doctrine du Christ, avait fait profession d'être comme lui, doux et humble de cœur.

Mais si Sauzet était devenu un homme suivant l'Ecriture, il n'a pas fait absolument comme Antoine Lemaistre, sous le portrait duquel ses contemporains écrivirent : « Solitarius sedebit ac tacebit » (3). Il

---

(1) Lettres inédites de Châteaubriand. — *Gazette anecdotique*.
(2) Chantelauze, *loc. cit.*
(3) Oscar de Vallée, *loc. cit.*

n'est pas devenu solitaire, encore moins janséniste ; chez lui, la religion n'affectait aucun de ces dehors rudes et austères qui mettent entre le chrétien et le monde une infranchissable barrière. Comme Montalembert et Cochin, il savait concilier les sentiments religieux avec les devoirs de la vie extérieure, avec les études scientifiques et littéraires. La piété la plus rigide ne le détournait pas des charmes de la vie sociale, et il mêlait à des œuvres pieuses et charitables un commerce d'esprit charmant, dont jouissait avec bonheur l'élite de cette grande ville de Lyon si savante et si lettrée. C'est que Sauzet, indépendamment de tant de qualités brillantes, était aussi un parfait homme du monde, un inimitable causeur auquel, deux siècles plus tôt, l'hôtel de Rambouillet eût ouvert ses portes toute grandes. Il fallait l'entendre quand, au milieu de son cercle habituel d'amis, il faisait appel à ses souvenirs de jeunesse, et évoquait son glorieux passé. Quel esprit et quelle verve ! Chaix d'Est-Ange lui-même, l'illustre avocat que le barreau de Paris vient d'escorter pieusement à sa dernière demeure, Chaix d'Est-Ange, le fin discoureur, ne pouvait être comparé à Sauzet. — Politique, philosophie, littérature, histoire, tout était passé en revue par l'ancien Président, dans ces entretiens si vivants, si variés, si attachants. — M. Oscar de Vallée a fait revivre un de ces dialogues dans une page particulièrement pittoresque et colorée : « Comme si nous avions été à Tusculum, dans la maison de Crassus, Sauzet se mit à comparer les avocats du Midi de la France à ceux du Nord et de Paris. J'aurais dû écrire, et vous auriez comme un riche fragment du *De Oratore*. Nous autres, disait-il, nés sous le soleil du Midi, échauffés par ses rayons, recevant le souffle attiédi, mais encore caressant d'Athènes et de Rome, nous sommes abondants, colorés, musiciens, superflus; mais combien j'admire cette forte sobriété du barreau de Paris, sa précision, sa langue quelquefois sans feu, mais presque toujours sans nuage. — On eût dit Cicéron parlant d'Antoine ; et alors il se répandit en jugements élevés, équitables, doux sur les grands avocats de ce temps : Dupin, Paillet, Chaix d'Est-Ange. Quelle matière ! Mais comme il fut intéressant, et que d'éloquence naturelle, chaude, expressive il déploya durant une heure sur ce sujet et sur ces hommes qui venaient eux-mêmes se placer sous sa palette, et se fixer dans ce tableau de chevalet, fait au coin du feu, en un instant. Il donna généreusement, et en s'oubliant lui-même, la préférence aux avocats du Nord, à ceux de Paris surtout dont plusieurs réunissaient alors les beautés de la forme et jusqu'aux ivresses de la parole à la science, à la précision, à la simplicité..... » (1).

Cette profonde impression produite par les causeries de Sauzet tirait son origine de la nature même de son tempérament. Ce qui, par dessus tout, dominait en lui, c'était l'orateur; tous ses écrits, ses lettres mêmes présentent une forme oratoire. L'Académie de Lyon, qui a compté dans son sein tant d'illustrations (2), tant d'esprits fins et délicats, écoutait avec une admiration respectueuse et recueillie, cette langue toujours élégante et harmonieuse ; et

---

(1) Oscar de Vallée, *loc. cit.*
(2) Châteaubriand, les deux Ampère, Vitet, Amédée Bonnet, etc.

les membres du barreau n'oublieront jamais ces merveilleuses improvisations qui les éblouissaient à l'occasion de leurs fêtes confraternelles (1).

Sauzet laisse d'ailleurs d'autres titres à nos souvenirs. Si après 1848, toute idée d'ambition personnelle s'éteignit en lui, il ne se désintéressa jamais de la chose publique. La retraite volontaire à laquelle il s'était soumis, devint pour lui une véritable source d'inspiration. C'est qu'en effet il y a dans le calme d'une vie privée, toute consacrée à faire le bien, quelque chose de délicieux, capable d'élever l'âme au-dessus d'elle-même. C'est une autre vie, un autre monde, et comme une autre humanité ; c'est la passion du vrai qui vous saisit au lieu de la passion du succès ; c'est surtout un superbe mépris pour le nombre dont on était l'esclave : « Turba argumentum pessimi ! »

Comme cet autre grand vaincu de la politique, comme M. Guizot, Sauzet a pris énergiquement la plume, chaque fois qu'il s'est agi de défendre une grande cause religieuse ou sociale, convaincu que deux choses sont de devoir pour l'homme et peuvent faire sa gloire : supporter le malheur avec fermeté, croire au bien, et essayer de faire triompher sa cause (2).

C'est ainsi qu'il a composé divers écrits remarquables qui, au moment de leur publication, eurent le privilége d'attirer, d'une façon toute spéciale, l'attention de la presse et de soulever des polémiques passionnées. Tout d'abord, au lendemain de la

---

(1) Lettre de M. le Bâtonnier Mathevon.
(2) Guizot, *Vie de Washington*.

catastrophe de Février, en proie à une préoccupation bien légitime, il tint à cœur de raconter la dernière journée de la Chambre qu'il présida, et de restituer à qui de droit une responsabilité qu'on avait essayé de faire peser toute entière sur sa tête. Le livre qu'il publia à cette occasion et qui a pour titre : *La Chambre des Députés et la révolu- de Février*, n'est pas uniquement un plaidoyer *pro domo*, une sorte d'apologie de sa conduite et de ses actes. Bien avant le 2 décembre, Sauzet adressait un pressant appel aux deux branches rivales de la maison de Bourbon, les suppliant d'oublier leurs inimitiés, d'éteindre leurs ressentiments, de s'unir pour former la maison royale de France, en prenant pour emblème le drapeau tricolore semé de fleurs de lis, « les fleurs de lis de » Bouvines, avait dit Béranger, sur le drapeau » d'Austerlitz. »

Puis parurent successivement un opuscule important sur la question du mariage civil, et un autre sur la retraite des magistrats. Dans le premier (1), s'appuyant sur une de ses thèses favorites, il établit que le sentiment religieux est indispensable à tout peuple qui veut échapper à la décadence. Sur quoi se fondent la force et la vitalité d'un peuple ? Sur la famille. Dès lors le mariage, cette union intime de deux individualités confondant tout ce qu'il y a en elles de divin et de sacré, dans le but de donner naissance à d'autres êtres intelligents et libres, le mariage doit essentiellement avoir un

---

(1) **Réflexions sur le Mariage civil et le Mariage religieux en France et en Italie.**

caractère religieux. Sans doute, il faut assurer l'indépendance du pouvoir civil et la liberté des cultes ; mais ces principes ne sont opposés qu'en apparence ; il y a moyen de les concilier. — Dans le second ouvrage (1), il combattait les retraites obligées des magistrats ; il montrait que ce coup de force du régime impérial était une brèche au principe de l'inamovibilité, et portait atteinte à cette autorité de la vieillesse, autorité si grande et si incontestée dans les sociétés antiques.

Enfin, quand, à la suite des événements de 1859, le pouvoir temporel de la papauté subit des assauts si rudes, Sauzet prit sa défense, et envisagea la question romaine, au point de vue politique et religieux, dans deux écrits dont le retentissement fut grand en Italie et en France : *Rome devant l'Europe, les Deux politiques de la France et le partage de Rome* (2). Catholique fervent et convaincu, il croyait fermement que le pouvoir temporel était nécessaire à la conservation du pouvoir spirituel. Nous n'avons pas à discuter cette opinion, et à nous demander comment ceux qui tiennent par la foi et par le cœur aux intérêts sacrés de la religion peuvent ainsi la subordonner aux événements si changeants et parfois si affligeants de la politique. Cependant, dans ces œuvres saisissantes et merveilleusement écrites, deux choses nous ont surtout frappé : tout d'abord un intéressant parallèle entre le Code civil et les lois romaines ; en second lieu, des vues pour ainsi dire prophétiques, en tout con-

---

(1) Considérations sur les retraites forcées de la magistrature.
(2) Lecoffre, éditeur, 1860.

formes aux considérations plus tard développées par M. Thiers, sur les conséquences fatales que devait avoir pour notre pays la reconnaissance du principe des nationalités.

On nous signale encore un grand ouvrage de Sauzet destiné à avoir, sous peu, un retentissement posthume. C'est une étude complète sur les réformes qu'il conviendrait d'introduire dans notre Code civil. Si nous en croyons quelques indiscrétions, il y examinerait les questions les plus importantes de notre droit avec une profondeur et une élévation qui font le plus grand honneur au jurisconsulte et au philosophe. « Pour nous, s'écrie M. de Chantelauze, qui
» avons déjà entendu la lecture de quelques frag-
» ments, nous ne doutons pas que ce livre une fois
» publié ne marque le nom de Sauzet à côté des pre-
» miers disciples des Montesquieu, des Tracy, des
» Tocqueville, des Troplong... » (1).

Ainsi s'écoulèrent pour lui, dans une studieuse retraite tempérée par le commerce d'illustres relations, les dix-huit années du second Empire. Après nos désastres, ses amis politiques revinrent aux affaires, et il n'est pas de démarches flatteuses qu'ils n'aient tentées pour s'assurer de son concours dans l'œuvre de la réorganisation de la France. Malgré tout, Sauzet persista dans son refus d'abandonner sa ville de prédilection et ses chères études, pour reprendre un rôle public. Il ne refusa pas à ses anciens compagnons de lutte l'appui de son expérience et de ses lumières ; je n'en veux pour témoins que les nombreux mémoires adressés par lui à M. Thiers

(1) Chantelauze, *loc. cit*.

et à M. Dufaure (1). Mais, parvenu à un âge avancé, tout entier à la pratique de la religion et du devoir, il montrait peu de goût pour afficher, au déclin de sa vie, une de ces ambitions séniles dont l'âpre ardeur ne convenait plus à l'unique pensée qui le dominait, celle de couronner par une belle mort sa longue et irréprochable carrière. D'ailleurs, les idées avaient marché sans lui; la plupart des parlementaires de 1840 étaient venus à résipiscence, et il se sentait médiocrement disposé à les suivre sur leur chemin de Damas, estimant que la vie n'a quelque dignité que dans son unité et sa droiture. En temps de révolution, disait-il, le véritable mérite, c'est de ne point changer au milieu de tout ce qui change; c'est de maintenir entier son caractère, de ne pas un seul jour donner un démenti à son passé; de supporter patiemment, noblement, non pas la disgrâce d'un prince, ce qui serait facile, mais celle du temps plus triste et plus lourde; de voir foulé aux pieds par la multitude tout ce que l'on a vu debout et honoré d'elle, sans en rien abandonner soi-même; d'être témoin de cette apostasie et de garder sa foi au fond de son âme. — A quelque drapeau qu'on appartienne, Messieurs, il faut honorer et saluer avec respect ces cultes désintéressés qui, ayant leurs racines dans le cœur, résistent à tous les vents et sortent vainqueurs de tous les orages.

Malgré son grand âge, il continuait à fréquenter assidûment les réunions de l'Académie de Lyon, qui l'avait élevé cinq fois à la présidence; il se plaisait à ces joûtes solennelles de la parole qui convenaient

(1) Rcamier, *loc. cit.*

à l'ampleur, à l'élégance et à la finesse de son talent. L'année dernière encore, il allait vaillamment à l'autre extrémité de la France (1) assister à l'inauguration du monument funèbre de Châteaubriand, et ravissait les auditeurs attendris en louant surtout dans le grand homme son immuable amour pour la liberté.

Ce discours devait être le dernier. De nouveaux deuils étaient venus le frapper au cœur ; et pour conjurer la destinée qui décimait si cruellement sa famille (2), le noble vieillard, malgré ses soixante-seize ans, avait voulu entreprendre une dernière fois le pèlerinage de Rome, afin d'appeler la bénédiction de Pie IX sur la tête du dernier héritier de son nom (3). De retour à Lyon, il sentit ses forces décliner rapidement, et, le 26 juin, il fit sa dernière sortie pour se diriger vers le cimetière de Loyasse. C'était le jour de sa fête. Hommage touchant et délicat, il avait tenu, suivant sa coutume des années précédentes, à déposer sur la tombe de sa femme les bouquets de fleurs qu'il avait reçus la veille !

Dès ce moment, les soins les plus éclairés ne purent conjurer le dénouement fatal. La mort arrivait à grands pas ; mais Sauzet pouvait l'envisager sans crainte. N'avait-il pas traversé toute une vie d'homme, et d'homme public, sans chute, sans faiblesse, sans reproche ? N'avait-il pas, depuis de longues années, demandé à la religion la force, l'appui, la consolation et l'espérance ? — Lorsque la dernière heure

---

(1) A Saint-Malo.
(2) Son frère et son neveu venaient de mourir.
(3) M. Juan Sauzet, avocat-général à Lyon, neveu de Sauzet.

fut venue, son front pâle et décoloré revêtit cette sérénité radieuse qui est ici-bas comme l'auréole des élus de Dieu, et se retournant vers ses amis en larmes, il put leur adresser ces suprêmes paroles : « Ma » voix et mes mains tremblent, mais mon âme ne » tremble pas ! » Comme le bon Serviteur de l'Evangile, il retournait à son Maître divin.

Tel fut Sauzet. Dans les temps difficiles où nous vivons, Messieurs, quand les consciences troublées tendent à se fausser et à se corrompre, quand plus que jamais doit retentir à nos oreilles le cri d'encouragement « *Sursùm corda*, plus haut les cœurs ! », il m'a semblé qu'il n'était pas inutile de vous proposer comme exemple une telle vie couronnée par une telle mort. Il mérite de conserver dans votre souvenir une pieuse place, le grand avocat que le barreau de Lyon appelait son bâtonnier d'honneur, le grand chrétien qui improvisa les belles actions comme les beaux discours !

www.ingramcontent.com/pod-product-compliance
Lightning Source LLC
LaVergne TN
LVHW051512090426
835512LV00010B/2488